BEI GRIN MACHT SICH IH
WISSEN BEZAHLT

- Wir veröffentlichen Ihre Hausarbeit,
  Bachelor- und Masterarbeit

- Ihr eigenes eBook und Buch -
  weltweit in allen wichtigen Shops

- Verdienen Sie an jedem Verkauf

Jetzt bei www.GRIN.com hochladen und kostenlos publizieren

Sascha Theis

Vertriebsplanung einer fiktiven Online-Eventplattform. Marktforschung, Marktanalyse und Preismodell

GRIN Verlag

Bibliografische Information der Deutschen Nationalbibliothek:

Die Deutsche Bibliothek verzeichnet diese Publikation in der Deutschen National-
bibliografie; detaillierte bibliografische Daten sind im Internet über http://dnb.d-
nb.de/ abrufbar.

Impressum:

Copyright © 2015 GRIN Verlag GmbH
Druck und Bindung: Books on Demand GmbH, Norderstedt Germany
ISBN: 978-3-656-90800-5

Dieses Buch bei GRIN:

http://www.grin.com/de/e-book/293302/vertriebsplanung-einer-fiktiven-online-
eventplattform-marktforschung

GRIN - Your knowledge has value

Der GRIN Verlag publiziert seit 1998 wissenschaftliche Arbeiten von Studenten, Hochschullehrern und anderen Akademikern als eBook und gedrucktes Buch. Die Verlagswebsite www.grin.com ist die ideale Plattform zur Veröffentlichung von Hausarbeiten, Abschlussarbeiten, wissenschaftlichen Aufsätzen, Dissertationen und Fachbüchern.

Besuchen Sie uns im Internet:

http://www.grin.com/

http://www.facebook.com/grincom

http://www.twitter.com/grin_com

Vetriebsplanung eines Unternehmens

Am Beispiel des Studentenprojekts „Veranstaltungsheld"

Hausarbeit

in den Fachgebieten "IT in der Finanzwirtschaft" und "Programmierung und Software-Engineering"

vorgelegt von:	Sascha Theis
Studienbereich:	Betriebswirtschaftslehre und IT

Inhaltsverzeichnis

Abbildungsverzeichnis

1. Einleitung

1.1. Problemstellung

Die Studenten des Studiengangs „Betriebswirtschaftslehre und IT" des Jahrganges 2011 konzipierten im Rahmen ihres Studiums an der Privaten Hochschule für Wirtschaft und Technik eine internetbasierte Geschäftsidee mit dem Projektnamen „Veranstaltungsheld". Die Schaffung einer Plattform, welche es ermöglicht einfach verschiedenste Arten von Veranstaltungen[1] zu finden, wurde als Ziel definiert. Dabei sollten insbesondere regionale Veranstaltungen im Fokus stehen. Die technischen Aspekte dieser Geschäftsidee sind sowohl theoretisch erarbeitet, wie auch bereits in Form einer Webseite[2] praktisch umgesetzt worden.

Aufgrund der bisherigen Fokussierung auf die Technik, wurden die betriebswirtschaftlichen Aspekte bewusst vernachlässigt. Die Problemstellung dieser Hausarbeit ergibt sich aus dem vorgegebenen Anspruch eines durchdachten Geschäftsmodells. Dieser bedingt auch die Betrachtung vertrieblicher Fragestellungen.

1.2. Ziel und Aufbau

Das Ziel besteht in der grundsätzlichen Konzeption des Vertriebs mit ausschließlichem Fokus auf der Marktanalyse, dem Erlösmodell und der Preispolitik. Dabei wird unterstellt, dass aus der Geschäftsidee ein Unternehmen mit Gewinnerzielungsabsicht entstehen soll und dieses ausschließlich die Plattform Veranstaltungsheld betreibt.

Um diese Zielsetzung zu erreichen wird im ersten Teil der Hausarbeit eine Marktanalyse durchgeführt. Dabei werden Veranstalter und Veranstaltungen, sowie die potenzielle Anzahl Veranstaltungssuchender ermittelt. Darauf aufbauend soll die Zahlungsbereitschaft aller Kundengruppen bestimmt werden. Weiterhin wird der Wettbewerb analysiert. Dabei sollen insbesondere mögliche Wettbewerber und deren Vertriebsmodelle aufgezeigt werden. Die Betrachtungen beziehen sich in diesem Zusammenhang grundsätzlich auf den Landkreis Vechta als Zielmarkt.

Im zweiten Teil der Ausarbeitung soll aufbauend auf den Erkenntnisen der Marktanalyse ein mögliches Erlösmodell ermittelt und die Preisstrategie entwickelt werden. Abschließend werden die gewonnen Erkenntnisse in Form einer Empfehlung an das Projektteam bewertet und es erfolgt ein Ausblick auf die künftige Vorgehensweise.

---

[1] Der Begriff „Veranstaltung" bezieht sich in diesem Zusammenhang auf von Organisationen angebotene Freizeitaktivitäten.

[2] Webseite: Gesamtheit aller HTML-Seiten (Hypertext Markup Language), die eine Person oder ein Unternehmen im Internet zur Verfügung stellt.[...]LACKES U. A. [2014]

2. Begriffsdefinitionen

In dieser Hausarbeit werden diverse Fachbegriffe verwendet, die in der Literatur unterschiedlich definiert werden. Für diese Hausarbeit sollen die nachfolgend aufgeführten Definitionen gelten.

2.1. Erlösquelle, Erlösform und Erlösmodell

Der Begriff **Erlösquelle** bezeichnet die Grundlage auf deren Basis ein Erlös generiert werden kann. Bei einer Erlösquelle kann es sich zum Beispiel um ein physisches Produkt, eine Dienstleistung oder Informationen handeln.[3]

Die **Erlösformen** beschreiben wie die Erlösquellen monetarisiert bzw. wie Erlöse generiert werden. Die Erlösformen lassen sich wie folgt differenzieren. Das erste Unterscheidungsmerkmal stellt die Art und Weise der Zahlung dar. Bei direkten Erlösen wird die Zahlung unmittelbar von demjenigen bezogen, welcher die Leistung in Anspruch nimmt bzw. den Erlös generiert. Indirekte Erlöse werden nicht mittelbar durch den Konsumenten der Leistung erzeugt, sondern durch unbeteiligte Dritte. Die direkten und indirekten Erlösformen können jeweils in zweiter Stufe in nutzungsabhängige (z.B. direkt: Nutzungsgebühr; indirekt: Provision) und nutzungsunabhängige (z.B. direkt: Abonnement; indirekt: Subventionen) unterschieden werden. Die nutzungsunabhängigen Erlöse lassen sich in dritter Stufe in einmalige und regelmäßig wiederkehrende Erlöse gliedern.[4]

Das **Erlös- bzw. Ertragsmodell** beschreibt aus welchen Erlösformen und Erlösquellen sich der Umsatz zusammensetzt und somit wie ein Unternehmen seine Erlöse erwirtschaftet.[5] Dabei bezieht sich das Erlösmodell auf die organisatorische Umsetzung und grundsätzliche Entscheidungen. Es ist dabei losgelöst von einer konkreten Preissetzung.[6]

2.2. Preispolitik und Preisfindung

Die **Preispolitik** definiert alle Maßnahmen zur Beeinflussung von Preisen.[7] Die Preispolitik hat als oberstes Ziel die Gewinnmaximierung des jeweiligen Unternehmens, unter Berücksichtigung aller Faktoren, zu gewährleisten.

---

[3]vgl. BUCHHEIT [2009], S.38.
[4]vgl. ZERDICK U. A. [2001], S.26-27.
[5]vgl. STAEHLER [2002], S.47.
[6]vgl. ZERDICK U. A. [2001], S.24.
[7]vgl. MAENDLE [2014]

2. Begriffsdefinitionen

Um dieses Ziel zu erreichen wird im Rahmen der **Preisfindung** der, aus Sicht des Unternehmens in Bezug auf das jeweilige Produkt, optimale Preis ermittelt. Die Preisfindung wird maßgeblich durch die anfallenden Kosten im Unternehmen, die Zahlungsbereitschaft der Kunden und die Wettbewerbssituation beeinflusst.[8]

2.3. Marktanalyse

Um die Zahlungsbereitschaft der eigenen Kunden und die Wettbewerbssituation erfassen zu können, ist der Marktanalyse ein hohes Maß an Bedeutung zu bemessen. Sie verschafft eine Orientierung und ermöglicht die Situation des jeweiligen Marktes zu verstehen. Demzufolge werden in diesem Zusammenhang nur unternehmensexterne Faktoren betrachtet.[9]

Entsprechend umfangreich kann die Marktanalyse sein. Zum einen werden rechtliche Rahmenbedingungen, wie zum Beispiel Datenschutzgesetze und Urheberrechtsgesetze ermittelt. Derartige Themenbereiche sollen im Rahmen dieser Hausarbeit nicht betrachtet werden. Im Hinblick auf die Preisfindung besteht eine wesentliche Aufgabe der Marktanalyse darin, die Reaktion der Kunden und Wettbewerber auf eigene preispolitische Entscheidungen abschätzen zu können.

Die Analyse des Wettbewerbs kann als **Horizontalanalyse** und die der Lieferanten bzw. Kunden als **Vertikalanalyse** bezeichnet werden.[10]

Die **Vertikalanalyse** ermittelt das Machtgefüge zwischen den Zulieferern, dem eigenen Unternehmen und ggf. dessen Vertriebspartnern, sowie den Endkunden. Weiterhin wird insbesondere versucht die Größe des Zielmarktes zu bestimmen.

Die Kenntnis der Preiselastizität der Kunden, also die Veränderung des Konsumverhaltens in Bezug auf Preisveränderungen, ist von entscheidender Bedeutung, um den optimalen Preis ermitteln zu können. Die Elastizität wird maßgeblich von folgenden Faktoren bestimmt. Zum einen die Eigenschaften bzw. Leistungen des Produktes. Weiterhin sind auch organisatorische, ideelle und monetäre Kriterien, wie zum Beispiel die Verfügbarkeit, das Prestige und der Service, sowie die Wartungs- und Betriebskosten von Bedeutung. Die Preiselastizität der Kunden wird insbesondere durch deren Kenntnis der Marktpreise und Produkte beeinflusst. Umso größer und umfassender dieses Wissen ist, desto wahrscheinlicher ist es, dass die Elastitizität geringer wird.[11]

---

[8]vgl. BEYER UND LATUSSEK [2003], S.6.
[9]vgl. BEREKOVEN U. A. [2009], S.334.
[10]vgl. DILLER UND HERRMANN [2003], S.339-340.
[11]vgl. DILLER UND HERRMANN [2003], S.340-341.

2. Begriffsdefinitionen

Im Kontext der **Horizontalanalyse** werden alle relevanten Wettbewerber identifiziert und alle mit der Preisfindung in zusammenhängenden Faktoren ermittelt, um die Wettbewerber einschätzen und deren möglichen Reaktionen vorhersehen zu können. Zu diesen Faktoren zählen die von den Konkurrenten verfolgten Ziele, deren Preismodelle und Leistungsfähigkeit. Als Informationsquellen können insbesondere zugängliche Dokumente des jeweiligen Wettbewerbers, wie zum Beispiel Broschüren, Geschäftsberichte und Pressenachrichten dienen.[12]

2.4. Zweiseitige Märkte

Die Begriffe „mehrseitige Märkte" und „zweiseitige Märkte" werden in der Literatur oft synonym verwendet. In dieser Hausarbeit wird im Sinne der Verständlichkeit der Begriff „zweiseitige Märkte" genutzt, weil auf diesem Markt zwei Akteure bzw. Marktteilnehmer miteinander agieren.[13]

Auf zweiseitigen Märkten besteht zwischen den Marktseiten bzw. Kundengruppen ein Netzwerk. Dabei bezeichnet der Begriff „Netzwerk" ein Medium, welches die Interaktion zwischen den verschiedenen Marktseiten ermöglicht. Weiterhin gilt für alle Formen mehrseitiger und zweiseitiger Märkte die Tatsache, dass die Nutzung des Interaktionsmediums mehr Nutzen bringt, wie die Interaktion außerhalb der Plattform.[14]

Im Umkehrschluss bedeutet das, dass je mehr Teilnehmer einer Kundengruppe die Plattform nutzen, die Attraktivität der Plattform für die anderen Marktteilnehmer steigt und umgekehrt.[15]

Die Monetarisierung des Interaktionmediums kann auf verschiedene Arten erfolgen. Es können alle Kundengruppen für die Nutzung der Plattform zahlen. Alternativ kann die Nutzung der Plattform für einige Akteure kostenlos sein.[16]

---

[12]vgl. DILLER UND HERRMANN [2003], S.340.
[13]vgl. HAGEMEISTER [2009], S.33-35, 40.
[14]vgl. HAGEMEISTER [2009], S.33-35, 40.
[15]vgl. CLEMENT UND SCHREIBER [2013], S.152.
[16]vgl. KRESSIN [2012], S.69.

3. Geschäftsidee

Um die Marktanalyse durchführen, den optimalen Preis ermitteln, sowie das Erlösmodell entwickeln zu können, sollte die Geschäftsidee ausgearbeitet worden sein. Neben der Formulierung der allgemeinen Idee geht es in Bezug auf die vorgenannten Themen dieser Hausarbeit insbesondere um die zu erbringende Leistung, die Definition der Kundenstruktur, sowie die Ermittlung der zu erwartenden Aufwendungen. Auf Basis dieser Faktoren wird die Marktanalyse durchgeführt.

3.1. Angebot

Das Projekt „Veranstaltungsheld" soll einen Marktplatz schaffen, welcher Veranstaltungsanbieter und Veranstaltungsnachfrager zusammenbringt. Dieser Marktplatz wird in Form einer Webseite abgebildet und soll mittels moderner IT das Anbieten von Veranstaltungen, sowie deren Suche möglichst einfach und komfortabel ermöglichen. Die Webseite soll den Veranstaltungssuchenden ein möglichst breit aufgestelltes Angebot an Veranstaltungsarten, sowie eine hohe Anzahl an Veranstaltungen bieten.

Der Fokus wird dabei auf regionalen Anbietern und weniger bekannten Veranstaltungen liegen. Somit wird den Veranstaltern eine Vermarktungsmöglichkeit mit großer Reichweite geboten.

Weiterhin wurde die Bereitstellung von Werbemöglichkeiten als weitere Leistung ermittelt. Externe Anbieter sollen Werbung auf der Webseite platzieren können.[17]

3.2. Kunden

Das beschriebene Leistungsportfolio macht deutlich, dass Veranstaltungsheld folgende Kundengruppen zum Start aufweisen wird:

Veranstalter,

Veranstaltungssuchende, sowie

Werbekunden.

Die **Veranstalter** bzw. die Veranstaltungen unterliegen grundsätzlich keiner thematischen Beschränkung. Ausnahmen bilden beispielsweise verbotene Inhalte. Der ursprüngliche Fokus auf Partys und andere studentisch geprägte Veranstaltungen wurde zugunsten einer größeren Zielgruppe vom Projektteam aufgegeben.

---

[17]vgl. LUEBBERDING U. A. [2014], S.3-4.

3. Geschäftsidee

Auch die **Veranstaltungssuchenden** können keiner speziellen gesellschaftlichen oder demographischen Gruppe zugeordnet werden, weil die Gesamtheit aufgrund des breiten Veranstaltungsangebots sehr heterogen ist. Da eine gewisse Internetaffinität notwendig ist wird davon ausgegangen, dass die meisten Suchenden zwischen 15 und 45 Jahren alt sein werden.

Als **Werbekunden** kommen grundsätzlich alle Unternehmen in Betracht, die auf Veranstaltungsheld werben möchten. Neben den Veranstaltern könnten Anbieter von Waren und Dienstleistungen diesen Marktplatz zur Werbung nutzen. Dabei können die Werbemaßnahmen direkt mit Veranstaltungen zusammenhängen (z.B. Personenbeförderung am jeweiligen Veranstaltungsort) oder davon unabhängig sein (z.B. Onlinehändler).

Die Werbekunden treten nur passiv auf dem Marktplatz in Erscheinung und stellen nicht die Hauptkunden bzw. Hauptnutzer der Plattform dar. Außerdem erhöht eine hohe Anzahl an Werbekunden nicht die Attraktivität des Marktplatzes für die Veranstalter und Veranstaltungssuchenden. Mit Verweis auf Kapitel 2.4 Zweiseitige Märkte nachzulesen auf Seite 4 wird weiterhin von einem zweiseitigen Markt und nicht von einem mehrseitigen (3 Teilnehmer) ausgegangen.

HAGEMEISTER [2009] unterscheidet vier Kategorien zweiseitiger Märkte, welche auch für mehrseitige Märkte gelten:
Marktplätze, Softwareplattformen, Zahlungssysteme und werbefinanzierte Medien.
Gemäß dieser Definition handelt es sich bei Veranstaltungsheld, um einen Marktplatz. Weiterhin könnte es sich bei diesem Markt zusätzlich um ein werbefinanziertes Medium handeln. Dies hängt von der noch zu definierenden Preispolitik ab.

3.3. Funktionalität und Integration

Marktplätze können eine horizontale[18] und vertikale[19] Integration aufweisen.

Die Hauptfunktionen des Marktplatzes Veranstaltungsheld besteht darin die Veranstalter dabei zu unterstützen ihre Events zu bewerben und den Veranstaltungssuchenden für sie passende Veranstaltungen zu präsentieren.
Veranstaltungsheld funktioniert somit als Makler und tritt entsprechend gegenüber den Anbietern und Nachfragern auf.

---

[18]Konzentration auf Produktgruppen, Funktionen und Prozesse, die in unterschiedlichen Branchen von Interesse sind. (vgl. CLEMENT UND SCHREIBER [2013], S.176.)
[19]Fokussierung der angebotenen Leistungen auf Bestandteile der Wertschöpfungskette einer speziellen Kundengruppe bzw. Branche. (vgl. CLEMENT UND SCHREIBER [2013], S.176.)

3. Geschäftsidee

Eine gewisse Branchenfixierung ist aufgrund des inhaltlichen Fokus gegeben. Außerdem ist Veranstaltungsheld aufgrund der Maklerfunktion (siehe nachfolgendes Kapitel 3.4 Interessenorientierung) in die Wertschöpfungskette der Veranstalter eingegliedert. Daher ist die vertikale Integration besonders ausgeprägt.[20]

Gleichzeitig sind Merkmale für einen horizontal orientierten Markt gegeben, weil die Möglichkeit der Werbung grundsätzlich für viele Unternehmen unterschiedlicher Branchen interessant ist. Auch die Nachfrager der Werbeangebote sind sehr heterogen.

3.4. Interessenorientierung

Die Plattform Veranstaltungsheld stellt nach außen einen unabhängigen Marktplatz dar. Veranstaltungsheld tritt somit als Makler auf. Entsprechend werden weder den Interessen der Veranstaltungsanbieter, noch die der Veranstaltungsnachfrager oder die der Werbekunden grundsätzlich bevorzugt behandelt. Ziel ist es, für alle Seiten einen Mehrwert zu erzeugen.[21]

Je nach strategischer Ausrichtung der Plattform, vor allem hinsichtlich des Erlösmodells und der Preispolitik, könnte es zielführend sein von einer strikten, unabhängigen Maklerfunktion abzuweichen. Dieser Schritt sollte im Optimalfall die Nutzer der Plattform, die für gewisse Dienstleistungen zahlen, zu motivieren. Eine offensichtliche und umfangreiche Unterstützung einer Kundengruppe sollte jedoch nicht stattfinden.[22]

3.5. Kosten

Es wurden die folgenden maßgeblichen Kostenpositionen ermittelt:

Erstellung, Weiterentwicklung, sowie Wartung der IT-Systeme,

Vermarktung der Webseite bzw. des Angebotes, sowie

Personalkosten (Opportunitätskosten[23] der Projektmitarbeiter).

Eine Kalkulation wurde noch nicht durchgeführt. Auch im Rahmen dieser Ausarbeitung soll dies nicht geschehen. Entsprechend sind die genauen Kosten nicht bekannt. Daher wird in den entsprechenden Abschnitten hypothetisch gearbeitet.

---

[20]vgl. VOIGT U. A. [2003], S.40-41.
[21]vgl. CLEMENT UND SCHREIBER [2013], S.177.
[22]vgl. CLEMENT UND SCHREIBER [2013], S.177-178.
[23]Opportunitätskosten: „Was aufgegeben werden muss, um etwas anderes zu erlangen."MANKIW UND TAYLOR [2008], S.6.; hier: Freizeit der Projektmitarbeiter wird aufgegeben, um die Plattform zu betreiben und zu monetarisieren.

4. Marktanalyse

Die Marktanalyse soll im definierten Zusammenhang die notwendigen Informationen bereitstellen, damit das Projektteam begründete Entscheidungen hinsichtlich der Wahl des Erlösmodells und der Preispolitik treffen kann.[24]

4.1. Größe und Struktur des Zielmarktes

Die Größe (hier: Bezug auf Menge) der verschiedenen Kundengruppen und des Marktes ist für die weiteren Betrachtungen wichtig. Um diese zu bestimmen, können zur Informationsgewinnung verschiedene Marktforschungsinstrumente genutzt werden. Zu unterscheiden sind die Primärforschung[25] und die Sekundärforschung[26].

Um einen Eindruck über die Größe des Zielmarktes und seiner Strukturen zu gewinnen, ist Sekundärforschung ausreichend. Außerdem gestaltet sich Primärforschung meist zeitintensiver und ist oft nicht ohne monetäre Mittel durchzuführen. Auch aus diesen Gründen wird keine Primärerhebung durchgeführt.[27]

In diesem Fall können insbesondere Statistiken die notwendigen Daten liefern, um die Informationen zur Bestimmung der Größe des Marktes zu gewinnen. Für die Sekundärforschung können unternehmensinterne und -externe Quellen genutzt werden. Es bieten sich das statistische Bundesamt und andere staatliche Institutionen, sowie privatwirtschaftliche Statistikunternehmen, wie zum Beispiel die Statista GmbH an.[28] Um möglichst valide Erkenntnisse gewinnen zu können, sollte besonders auf die Seriosität und Unabhängigkeit der Quellen geachtet werden.[29]

Die Segmentierung des Zielmarktes in die im Kapitel 3.2 Kunden auf Seite 5 definierten Kundengruppen und eine entsprechend getrennte Marktforschung erscheint aufgrund deren Unterschiedlichkeit sinnvoll. Die Veranstalter und Veranstaltungssuchenden stellen die Hauptkundengruppe dar und werden daher auch den Schwerpunkt der nachfolgenden Betrachtungen bilden.

---

[24]vgl. Berekoven u. a. [2009], S.325.

[25]Bezeichnet Marktforschungsaktivitäten, die sich auf neu initiierte (Daten-)Erhebungen beziehen.(vgl. Berekoven u. a. [2009], S.39.)

[26]Bezeichnet Marktforschungsaktivitäten, die bereits vorhandene Daten zur Informationsgewinnung nutzen. (vgl. Berekoven u. a. [2009], S.39.)

[27]vgl. Berekoven u. a. [2009], S.39.

[28]vgl. http://de.statista.com/, eingesehen am 07.12.2014

[29]vgl. Berekoven u. a. [2009], S.40-41.

4.1.1. Veranstalter und Veranstaltungen

Die Veranstalter stellen die Zielgruppe dar. Die Kenntnis der Anzahl an aktiven und potentiellen Veranstaltern, sollte um die von diesen durchgeführten Veranstaltungen erweitert werden. Dadurch erfährt das Projektteam nicht nur die Größe des Veranstaltermarktes, sondern erlangt ebenso Kenntnis über die des Veranstaltungsmarktes.

Als **Veranstalter** gelten die Unternehmen oder Institutionen, welche Veranstaltungen durchführen. Der Begriff der Veranstaltung wurde zu Beginn der Hausarbeit bereits definiert. Aus dieser Definition folgt, dass nicht nur Unternehmen zu berücksichtigen sind, deren Hauptgeschäftszweck im Ausrichten von Veranstaltungen besteht, sondern vor allem auch die Unternehmen, die mit Veranstaltungen werben oder ihr Portfolio erweitern wollen. Entsprechend liegt eine gewisse Problematik hinsichtlich der Ermittlung potentieller Veranstalter vor, weil keine klare Abgrenzung vorgenommen werden kann.

Aufgrund rechtlicher Begebenheiten sind ein Großteil aller in Deutschland ansässigen Unternehmen Mitglieder einer Industrie- und Handelskammer (IHK).[30] Dadurch verfügen die IHK's über eine große Datenbasis. In ihren Funktionen als Interessensvertretungen der Mitgliedsunternehmen und Förderer der Wirtschaft stellen die IHK's, die aus diesen Daten erzeugbaren Statistiken auch Dritten zur Verfügung.[31] Nach Benennung der relevanten Branchen erstellte die IHK Oldenburg eine entsprechende Statistik der Mitgliedsunternehmen (siehe PDF A auf Seite v). Die als relevant klassifizierten Branchen wurden unter Berücksichtigung der von der Projektgruppe definierten Zielgruppe benannt.

Aus dieser Statistik geht hervor, dass am 10.12.2014 374 Unternehmen in den entsprechenden Branchen gemeldet waren. Den größten Anteil nehmen dabei die Unternehmen im Gastronomiesektor ein. Hinzukommen zum Beispiel einige Kinos, Theater und Vergnügungsparks. Aufgrund der Tatsache, dass nur gewerblich tätige Unternehmen in diese Statistik mit einfließen, bilden die 374 Unternehmen nicht die Gesamtheit aller potentiellen Veranstalter. Insbesondere Museen, welche oft als Stiftungen tätig sind und staatliche Einrichtungen sind nicht enthalten.[32] Es kann davon ausgegangen werden, dass die tatsächliche Anzahl geringfügig größer ausfallen wird. Daher wird die Größe dieses Zielmarktes auf 400 Unternehmen und Organisationen geschätzt.

---

[30]vgl. Juraforum [2014].
[31]vgl. Kruedewagen [2014], S.1.
[32]vgl. Thomas [2014], S.1-3.

4. Marktanalyse

Die Größe des **Veranstaltungsmarktes** ist ähnlich unklar bestimmbar wie die des Veranstaltermarktes. Die klare Abgrenzung einer als relevant einzustufenden Veranstaltung von einer irrelevanten ist nur schwer möglich. Diese Problematik spiegelt sich in der Auswertung der vorhandenen Daten wider.

Zur Informationsgewinnung wurde die Nordwest-Zeitung kontaktiert. Diese verfügt über eine Webseite auf unter der die Veranstaltungstermine gelistet sind. Diese trägt den Namen „NWZ Events". Als regionale Zeitung mit einem durchschnittlichen Marktanteil von 50 Prozent in ihrem Verbreitungsgebiet, zu welchem auch der Landkreis Vechta zählt, verfügt die Nordwest-Zeitung über eine gewisse Größe und Popularität.[33] Es kann davon ausgegangen werden, dass deren Datenbasis hinsichtlich der gelisteten Veranstaltungen als Referenzwert für diese Hausarbeit genutzt werden kann.

Laut dem „Produktmanager Online" der Nordwest-Zeitung wurden in ca. drei Monaten, im Zeitraum 04.09.2014 bis 10.12.2014, 982 Veranstaltungstermine gemeldet (siehe PDF Anhang). Ein Termin ist immer auf Basis eines Tages zu verstehen. Entsprechend würde eine drei Tage dauernde Veranstaltung aus drei Terminen bestehen.[34]

Zur Ermittlung der Gesamtmenge an Veranstaltungen im Jahr 2014 kann das Bottom-up-Verfahren verwendet werden. Dieses Verfahren leitet aus einer definierten Grundgesamtheit übergeordnete Informationen ab. In diesem Fall wird auf Basis der gegebenen, unterjährigen Veranstaltungszahlen die Größe des Marktes für das gesamte Jahr 2014 berechnet. Die Genauigkeit dieser Berechnungen hängt stark von der Qualität der gegebenen Daten ab und birgt somit Unsicherheiten. In diesem Fall wird die Qualität der gelieferten Daten als akzeptabel bewertet. Jedoch bedingt die Unkenntnis über die Verteilung der Veranstaltungen innerhalb eines Jahres Ungenauigkeiten.[35]

Ausgehend von einer Gleichverteilung und einem aus 360 Tagen (30 Tage je Monat) bestehenden Jahr ergibt sich folgende Berechnung:

$$\frac{982}{97} * 360 \sim 3.645 Veranstaltungstermine$$

Durch die Teilung der 982 Veranstaltungen durch den Zeitraum von 97 Tagen (27+30+30+10) ergibt sich die durchschnittliche Anzahl an Veranstaltungen pro Tag. Diese wird mit 360 multipliziert, um die jährliche zu berechnen.

---

[33] vgl. NWZ [2014], S.10.
[34] vgl. Deditius [2014], S.1.
[35] vgl. Kickner u. a. [2014], S.210.

4.1.2. Veranstaltungsnachfrager

Zur Ermittlung der Größe des Marktes an Veranstaltungsnachfragern werden demographische Statistiken benötigt, um aus der Einwohneranzahl, die relevante Zielgruppe filtern zu können. Es wird davon ausgegangen, dass nur die Einwohner des Landkreises Vechta Veranstaltungen in selbigem besuchen werden. Umliegende Landkreise werden nicht betrachtet.

Im definierten Zielmarkt lebten im Jahr 2012 137.221 Menschen (siehe Abbildung 3: „Bevölkerungsstruktur des Landkreises Vechta (Quelle: IHK [2014])" auf Seite i). Von diesen befanden sich **55.613** in der definierten Zielgruppe (15-45 Jahre).

Eine ungefähre Berechnung für das Jahr 2014 ist auf Grundlage des umfangreichen Zahlenmaterials näherungsweise möglich. Bei einer Fläche von 813 Quadratkilometern nahm die Bevölkerung von 2002 bis 2012 (11 Jahre) um 9,5 Einwohner je Quadratkilometer zu. Dies entspricht einem absoluten jährlichen Bevölkerungswachstum von ca. 702 Menschen. Ceteris paribus bedeutet das, dass im Jahr 2014 138.625 Menschen im Landkreis Vechta leben und die Zielgruppe 56.182 Personen umfasst.

Basierend auf der Grundannahme, dass ein Großteil dieser Menschen grundsätzlich am Besuch von Veranstaltungen interessiert ist, spiegelt diese Zahl auch die Gesamtheit der potentiellen Kunden auf dieser Marktseite wider.

4.1.3. Werbekunden

Die Ermittlung der Größe dieses Marktes ist nur schwer möglich, weil dieser Markt nicht zwingend regional zu betrachten zu betrachten ist, da Onlinewerbung nicht standortgebunden ist. Außerdem ist eine Abgrenzung zwischen thematisch passenden bzw. interessierten Werbekunden schwierig. Aus den genannten Gründen soll in dieser Hausarbeit eine Betrachtung des Marktvolumens (Umsatz) der Onlinewerbebranche im Bereich der Displaywerbung[36] genügen, weil diese Sparte laut Meinung des Projektteams, die Hauptwerbekunden darstellt.

Wie auf Abbildung 4:„Werbestatistik digitale Display-Werbung(Quelle: MUDTER [2014])" auf Seite viii) zusehen ist, lag das Nettovolumen im Bereich der digitalen Display-Werbung (stationäres und mobiles Internet) im Jahr 2013 bei 1.319 Millionen Euro. Für 2014 geht der Bundeverband „Digitale Wirtschaft"[37] von einem Wachstum auf 1.409 Millionen Euro aus.

---

[36] „Unter Display Advertising (auch Display-Werbung) versteht man alle Arten von Online-Werbung, bei der grafische Werbemittel wie Videos, Animationen oder Bilder verwendet werden. Damit grenzt sich Display-Werbung v.a. von Textanzeigen (z.B. Googles AdWords) ab." Wirtschaftslexikon [2014]

[37] vgl. http://www.bvdw.org, eingesehen am 07.12.2014

4.2. Vertikalanalyse

Zu Beginn wird Veranstaltungsheld gegenüber den Veranstaltern und den Veranstaltungssuchenden in einer schwachen Machtposition stehen, weil weder den Veranstaltungssuchenden ein breit gefächertes Angebot präsentiert, noch den Veranstaltern Nutzerzahlen vorgelegt werden können.

Entsprechend können den **Veranstaltern** nur theoretische Berechnungen und Annahmen präsentiert werden. Die Machtposition von Veranstaltungsheld gegenüber den Veranstaltern wird auch dadurch geschwächt, weil die Veranstalter bereits am Markt sind. Daher verfügen sie über einen gewissen geschäftlichen Erfolg und sind nicht zwingend auf die angebotene Dienstleistung angewiesen. Erschwerend kommt hinzu, dass die Veranstalter wahrscheinlich bereits andere Werbemöglichkeiten bzw. ähnliche Angebote nutzen.

Der Spielraum für die Preisfestlegung ist zu Beginn aufgrund der genannten Gründe gering. Sobald die Nutzerzahlen von Veranstaltungsheld steigen und mehr Gäste die Veranstaltungen besuchen, wird dieser Spielraum wahrscheinlich größer werden.

Die Machtposition gegenüber den **Veranstaltungssuchenden** ist ähnlich zu bewerten, wie die der Veranstalter. Die benötigten Informationen zu Events können, wenn auch umständlicher, zum Großteil ohne Veranstaltungsheld recherchiert werden. Dies kann entweder auf ähnlichen Portalen oder auf den Webseiten der Veranstalter geschehen.

Ein weiterer Faktor ist die geringe Bereitschaft von Nutzern für einen derartigen Dienst Geld zu zahlen. Wie auf Abbildung 5:„Umfrage zur Zahlungsbereitschaft für Onlineinhalte von Zeitungen (Quelle: STATISTA [2014b])" auf Seite viii zusehen ist, sind nur 7 Prozent aller Bürger der Europäischen Union dazu bereit für Onlineinhalte von Zeitungen zu bezahlen. 58 Prozent sind dazu überhaupt nicht bereit. Das Angebot von Veranstaltungsheld ist ebenso ein Informationsmedium, wenn auch nicht zur Gänze mit einer Zeitung vergleichbar. Die genannten Werte können aber als Richtwerte auf das Projekt übertragen werden. Bestätigt werden diese nachteiligen Werte durch eine weitere Statistik. Diese sagt aus, dass nur 5,5 Prozent der deutschen Bevölkerung bereit sind für „Veranstaltungsübersichten mit Kulturtipps, Kinoprogramm"STATISTA [2014a] Gebühren zu bezahlen.[38]

Die Preiselastizität der Veranstaltungsnachfrager wird sich somit auch nach dem Start von Veranstaltungsheld kaum verändern und weiterhin sehr hoch sein.

---

[38]vgl. STATISTA [2014a]

4. Marktanalyse

Die Werbekunden sind grundsätzlich bereit für die platzierte Werbung zu zahlen. Jedoch sind fast alle der etablierten Modelle auf eine erfolgsabhängige[39] Bezahlung ausgerichtet.[40]

4.3. Horizontalanalyse

Der Wettbewerb gliedert sich in ausschließlich regional agierende und überregionale Anbieter. In beiden Bereichen gibt es mehrere Wettbewerber. Deren Dienstleistungsangebote ähneln dem von Veranstaltungsheld in unterschiedlich ausgeprägtem Maße und funktionieren sowohl hinsichtlich der vertikalen, wie auch der horizontalen Integration ähnlich.

4.3.1. überregionalen Veranstaltungsportale

Mit europaweit 180.000 angebotenen Veranstaltungen, einem Marktanteil von über 80 Prozent in Deutschland bei Rock- und Popkonzerten, sowie 628,3 Millionen Euro Umsatz im Jahr 2013, ist **CTS-Eventim** der größte und erfolgreichste Marktbegleiter. Eventim ist als Dienstleister im Eventsektor tätig, wobei der Großteil des Umsatzes durch die Vermarktung ticketgestützter Veranstaltungen generiert wird. CTS-Eventim konzentriert sich auf verhältnismäßig deutlich größere Events. Zusätzlich ist das Geschäftsmodell auf den Ticketverkauf und nicht auf die Funktion als Veranstaltungsdatenbank ausgelegt.

Daher ist Eventim sowohl Wettbewerber wie auch möglicherweise Kunde (Werbung und Verkaufsprovision). Eventim will seine Marktmacht weiter ausbauen und versucht dazu den Großteil der Wertschöpfungskette im Bereich der Veranstaltungsvermarktung abzubilden. Aufgrund dieser Zielsetzung könnte Eventim zukünftig verstärkt als Konkurrent auftreten.[41]

CTS-Eventim stellt den Veranstaltungssuchenden die Webseite mit all ihren Funktionalitäten gratis zur Verfügung. Der Ticketkauf selbst beinhaltet neben dem vom Veranstalter durchgereichten Ticketpreis auch Servicegebühren. Im Gegensatz zu den im Kapitel 4.2 Vertikalanalyse auf Seite 12 aufgeführten Statistiken, sind die Kunden bereit für diese ähnliche Dienstleistung (Service-)Gebühren zu zahlen. Die Veranstalter zahlen eine Verkaufsprovision an Eventim.[42]

---

[39]„Erfolgsabhängig" meint in diesem Zusammenhang eine Bezahlung nach Klicks, erfolgreichen Vertragsabschlüssen, usw.
[40]vgl. PICHLER [2014]
[41]vgl. MERTENS [2014]
[42]vgl. MERTENS [2014]

Meinestadt.de[43] bietet viele verschiedene Funktionalitäten (Jobvermittlung, Partnervermittlung, Kleinanzeigen, etc.). Hinsichtlich der Veranstaltungen funktioniert das Unternehmen als Veranstaltungsdatenbank und vermarktet ebenso wie Eventim die Veranstaltungen, wobei nicht alle einen Buchungsvorlauf bzw. einen Ticketkauf erfordern. Zusätzlich zu Eventim ist es als Veranstalter möglich neben der Veranstaltungsart, dem Termin und dem Inhalt des jeweiligen Events detaillierte Informationen und Bilder der Veranstaltungsorte zu hinterlegen. Auch wird eine Routenplanungsfunktion angeboten.[44]

Diese Funktionalitäten ähneln denen von Veranstaltungsheld, allerdings spielen auch bei meinestadt.de kleine und ticketlose Veranstaltungen eine eher untergeordnete Rolle. Meinestadt.de verlinkt die Events auf Ticketvertriebsplattformen wie Eventim und wird dafür wahrscheinlich eine Verkaufsprovision erhalten. Weiterhin schaltet das Unternehmen Werbung auf seiner Webseite und erschließt sich somit eine weitere Erlösquelle. Die Veranstaltungsnachfrager müssen für keine Funktionalität hinsichtlich der Veranstaltungen zahlen. Ob und in welcher Form die Veranstalter Gebühren zahlen müssen kann nicht zweifelsfrei ermittelt werden.

Ausgehend von oben genannten Punkten ist davon auszugehen, dass sich meinestadt.de im Bereich der Veranstaltungen ausschließlich über Werbung und Verkaufsprovisionen finanziert.[45]

4.3.2. regionale Veranstaltungsportale

Als regionalen agierenden Dienstleister im Bereich der Veranstaltungsportale kann **NWZ Events**[46] aufgeführt werden. Es handelt sich dabei um eine in die Webseite der Nordwestzeitung (NWZ) integrierte Veranstaltungsdatenbank. Die Funktionalitäten sind denen von Veranstaltungsheld sehr ähnlich. Es werden verschiedenste Veranstaltungen gelistet, die zum Großteil sehr regional ausgerichtet sind. Anhand diverser Filter (z.B. Ort, Datum und Themenkategorie) können die Events selektiert werden.

Außerdem funktioniert die Webseite rein informatorisch. Es können keine Veranstaltungen direkt gebucht werden und es werden auch keine Links zu Ticketdienstleistern wie CTS-Eventim platziert. NWZ Events scheint sich zum Teil über die Einblendung von Werbung zu finanzieren, weil Veranstalter und Veranstaltungssuchende, soweit ersichtlich, alle Funktionalitäten gratis nutzen können.

---

[43]vgl. http://www.meinestadt.de/, eingesehen am 15.12.2014
[44]vgl. http://unternehmen.meinestadt.de/produkte/meinestadt-portal/veranstaltungskalender/, abgerufen am 15.12.2014
[45]vgl. http://www.meinestadt.de/, abgerufen am 15.12.2014
[46]vgl. http://events.nwzonline.de/, eingesehen am 15.12.2014

Aus der Korrespondenz mit einem Mitarbeiter der Nordwestzeitung geht hervor, dass das füllen und pflegen der Veranstaltungsdatenbank und Veranstaltungen durch die Nordwestzeitung erfolgt. Somit wird den Veranstaltern ein hohes Maß an Komfort geboten und den Veranstaltungssuchenden ein gewisses Maß an Seriosität der geschalteten Veranstaltungen.[47]

Auf den Landkreis Vechta bezogen ist NWZ Events ein starker Wettbewerber, weil viele Funktionalitäten denen von Veranstaltungsheld sehr ähneln und dieser Dienst bereits stark genutzt wird (aktuell: 29.841 geschaltete Events im gesamten Einzugsgebiet der Nordwestzeitung).[48]

4.4. Bewertung der Analyseergebnisse

Kritisch zu betrachten ist, ob die Sekundärforschung für dieses Problem zweckmäßig war und ob ausreichend aussagekräftige Daten beschafft werden konnten.

Eine genaue Ermittlung der Anzahl an Veranstaltern und Veranstaltungen war nicht möglich, weil die Branchenabgrenzung schwierig war. Dies liegt allerdings weniger an der Art der Marktforschung, sondern eher an dem nicht vollständig definierten Geschäftsmodell. Die Durchführung von Primärforschung hätte aber wahrscheinlich aussagekräftigere Daten im Hinblick auf die Bedarfe der einzelnen Kundengruppen hervorgebracht.

Um einen Eindruck über die Mechanismen und Größe des Marktes zu gewinnen, war die Sekundärforschung allerdings ausreichend. Dies wird im Hinblick auf die gewonnenen Daten und den abgeleiteten Informationen deutlich.

Aus den gesammelten Informationen lässt sich ableiten, dass der Landkreis Vechta als Zielmarkt ein gewisses Potential bietet. Mit ca. 400 Veranstaltern und 55.000 Veranstaltungssuchenden sind beide Seiten dieses zweiseitigen Marktes ausreichend vertreten, sodass das Dienstleistungsangebot von Veranstaltungsheld grundsätzlich auf einen Bedarf stößt.

Dass ein Bedarf vorhanden ist, zeigt die Anzahl an regionalen Wettbewerbern. So steht zu Veranstaltungsheld z.B. mit NWZ Events ein starker und viel genutzter regionaler Marktbegleiter im Wettbewerb. Aufgrund der sich sehr ähnelnden Konzepte und der Marktdurchdringung der Nordwestzeitung im Veranstaltungssegment wird der Markteintritt für Veranstaltungsheld schwierig werden.

---

[47] vgl. Anhang
[48] vgl. http://events.nwzonline.de/, eingesehen am 25.12.2014

4. Marktanalyse

Verstärkt wird dieser Umstand durch das sehr gute Serviceangebot der Nordwestzeitung für die Veranstalter, die alle Dienstleistungen gratis nutzen können, soweit dies auf der Webseite ersichtlich ist. Die Eintragung der Events, sowie deren Verwaltung erfolgt ausschließlich durch die Nordwestzeitung. Daher haben die Veranstalter einen sehr überschaubaren Eigenaufwand und genießen eine sehr komfortable Betreuung. Aufgrund der Verbreitung und Marktdurchdringung der Nordwestzeitung im Landkreis Vechta, ist auch die Reichweite der Veranstaltungsinserate wahrscheinlich sehr groß.

Das Konzept von Veranstaltungsheld wurde vom überregional agierenden Wettbewerb bisher nur zum Teil umgesetzt, weil der Fokus dieser Dienstleister auf dem Verkauf von Tickets liegt. Entsprechend bleiben kleine, regionale, ticketlose und weniger bekannte Veranstaltungen außen vor. Auch weisen diese Wettbewerber eher eine Ausrichtung auf den Vertrieb der Veranstaltungen und weniger einen informatorischen Charakter auf.

Die Marktteilnehmer, insbesondere die Veranstaltungssuchenden verfügen über eine sehr starke Machtposition. Erschwerend kommt hinzu, dass diese Kundengruppe in nur sehr geringem Maße bereit ist für die Dienstleistungen von Veranstaltungsheld Geld zu zahlen. Die Veranstalter verfügen über alternative Repräsentations- und Werbemöglichkeiten und stehen daher ebenso in einer besseren Machtposition.

5. Erlösmodell und Preispolitik

Aus den im Kapitel 4 Vertikalanalyse gewonnen Informationen werden das Erlösmodell und die Preispolitik abgeleitet
Die nachfolgenden Betrachtungen werden ohne Bezug zu konkreten Preisen durchgeführt und es werden keine optimalen Preise ermittelt. Die Preisbestimmung ist insbesondere daher nicht möglich, weil weder die Selbstkosten von Veranstaltungsheld, noch die Zielsetzung hinsichtlich der zu erzielenden Gewinne bekannt sind.

5.1. Erlösquellen

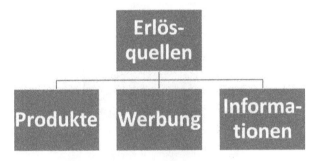

Abbildung 1: Erlösquellen (vgl. BUCHHEIT [2009], S.38.)

Unter Verweis auf Kapitel 2 Begriffsdefinitionen auf Seite 2 kann Veranstaltungsheld Erlöse aus verschiedenen Quellen heraus generieren. Wie auf Abbildung 1 zusehen ist, konnten hier drei mögliche Erlösquellen identifiziert werden.[49]

Als **Produkte** werden alle mit dem Angebot bzw. der Hauptfunktion von Veranstaltungsheld, nachzulesen im ersten Absatz des Kapitels 3.1 Angebot auf Seite 5, zusammenhängenden Dienste bezeichnet. Beispielhaft sind zu nennen: das Inserieren von Veranstaltungen, das Suchen von Veranstaltungen, Benachrichtigungsfunktionen und das Hochladen von Veranstaltungsbildern auf die Plattform.

Der Bereich **Werbung** beschreibt die Vermarktung von Werbe- und Präsentationsflächen auf der Webseite Veranstaltungsheld. Hinzukommen etwaige Newsletter oder andere Werbemöglichkeiten. Zum jetzigen Zeitpunkt kann davon ausgegangen werden, dass ein Großteil dieser Werbung in Form von digitaler Displaywerbung erfolgen wird.

---

[49]vgl. BUCHHEIT [2009], S.38.

5. Erlösmodell und Preispolitik

Die dritte Erlösquelle stellen **Informationen** dar. Der Begriff „Information" meint in diesem Zusammenhang alle Daten, die über die Plattform Veranstaltungsheld gesammelt werden. Diese Daten könnten an Drittunternehmen, wie zum Beispiel Marktforschungsinstitute, Werbekunden und Veranstalter verkauft werden. Das Spektrum reicht von spezifischen Personendaten bis hin zu stark aggregierten statistischen Daten.

Ob und in welchen gesetzlichen Grenzen diese Erlösquelle erschlossen werden kann, muss noch untersucht werden.

5.2. Erlösformen

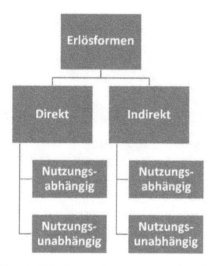

Abbildung 2: Erlösformen (vgl. BUCHHEIT [2009], S.39.)

Um die im vorherigen Kapitel genannten Erlösquellen zu monetarisieren, können unter Verweis auf Kapitel 2 Begriffsdefinitionen auf Seite 2 verschiedene Erlösformen genutzt werden. In den nachfolgenden Betrachtungen wird auf eine Untergliederung in einmalige und regelmäßig wiederkehrende Erlöse verzichtet.

Die Monetarisierung der Erlösquelle „Produkte" wird ausschließlich über **direkte Erlösformen** erfolgen, weil diese die Hauptfunktionalität der Webseite darstellen und daher etwaige Zahlungen direkt an den Anbieter der Leistung fließen werden. Die Produkte können weiterhin anhand der Nutzungsabhängigkeit der Zahlung unterschieden werden.[50]

---

[50]vgl. ZERDICK U. A. [2001], S.26-27.

5. Erlösmodell und Preispolitik

Es sind sowohl nutzungsabhängige, wie auch nutzungsunabhängige Erlösformen denkbar:

nutzungsabhängig: Veranstalter bezahlen für Aufrufe ihrer Veranstaltungen, Veranstaltungssuchende zahlen fürgetätigte Reservierungen

nutzungsunabhängig: monatliche Grundgebühr für Veranstalter, Gebühr für die Freischaltung von Premiumfunktionen (Veranstaltungssuchende)

In den Bereich der **indirekten Erlösformen** sind die Erlösquellen „Werbung" und „Informationen" einzuordnen, weil die Erlöse nicht direkt durch den Konsumenten der Leistung, sondern durch unbeteiligte Dritte erzeugt werden.[51] Zum Beispiel werden die durch Werbung erzielten Erlöse vom Werbenden bezogen, wobei letztendlich der Veranstaltungssuchende diesen Erlös durch seine Aktivitäten erzeugt.

Die beiden Erlösquellen sind ausschließlich den nutzungsabhängigen Erlösformen zuzuordnen, weil sie nur bei tatsächlicher Nutzung anfallen.

Als nutzungsunabhängige indirekte Erlöse sind zum Beispiel staatliche Subventionen zu bezeichnen, welche hier nicht weiter betrachtet werden sollen.[52]

5.3. Erlösmodell

Die Erlösquellen und Erlösformen bilden in ihrer Kombination das Erlösmodell.[53] Die **Schwerpunktsetzung** wird zu Beginn auf der Erlösquelle „Werbung" liegen. Diese kann sofort mit dem Start der Plattform angeboten werden. „Informationen" werden zu Beginn zu vernachlässigen sein, weil die Webseite Veranstaltungsheld noch Daten sammeln muss. Aufgrund der Machtposition der Veranstalter und der Veranstaltungssuchenden wird sich die Nutzung direkter Erlösformen bzw. der Erlösquelle „Produkte" anfangs schwierig gestalten.

Nach dem erfolgreichen Start der Plattform können die „Informationen" einen zusätzlichen Bestandteil des Erlösmodells bilden. Außerdem eröffnen sich Möglichkeiten um die direkten Erlösformen zu nutzen. Wobei hier der Schwerpunkt auf den Veranstaltern liegen wird. Die Gründe für diese Aussage sind im Kapitel 4.2 Vertikalanalyse auf Seite 12) nachzulesen.

Die Veranstaltungssuchenden können wahrscheinlich nur schwer in das Erlösmodell integriert werden. Um eine Monetarisierung möglich zu machen, könnten zum Beispiel Premiumfunktionen integriert werden. Dabei wird ein Großteil der Funktionen von Veranstaltungsheld kostenfrei angeboten und für zusätzliche bzw. besondere Funktionalitäten Gebühren verlangt.

---

[51]vgl. ZERDICK U. A. [2001], S.26-27.
[52]vgl. ZERDICK U. A. [2001], S.26-27.
[53]vgl. STAEHLER [2002], S.47.

© Sascha Theis   19

5. Erlösmodell und Preispolitik

Das Erlösmodell sollte möglichst aus mehreren verschiedenen Erlösquellen bestehen und die Erlöse über unterschiedliche Erlösformen generieren. Dadurch werden nicht nur Risiken gesenkt, sondern auch der Gesamterlös vergrößert und Veranstaltungsheld macht sich ein Stück weit unabhängig von bestimmten Kundengruppen.[54]

5.4. Preispolitik

Das Ziel des Projektteams besteht darin eine tragfähige Geschäftsidee zu auszuarbeiten, die Gewinne generiert. Neben der Schaffung einer technisch einwandfreien und innovativen IT-Infrastruktur trägt insbesondere die Preispolitik zur Erreichung dieses Ziels bei. Eine Preispolitik wird im Rahmen dieser Hausarbeit nicht abschließend ausgearbeitet werden können, weil insbesondere die Kostenstruktur von Veranstaltungsheld bisher unbekannt ist.

Der Wettbewerb im Landkreis Vechta ist sehr stark. Unter anderem stellt er den Veranstaltern und Veranstaltungssuchenden Funktionen gratis zur Verfügung und verfügt über eine große Marktdurchdringung, wie im Kapitel 4.3 Horizontalanalyse auf Seite 13 nachgelesen werden kann. Hinzukommt, dass beide Kundengruppen über eine sehr starke Machtposition verfügen und insbesondere die Veranstaltungssuchenden eine geringe Zahlungsbereitschaft aufweisen.

Aus genannten Gründen sollten zum Start der Webseite, sowohl Veranstalter, wie auch die Veranstaltungssuchenden die Plattform gratis nutzen können, damit Veranstaltungsheld sich Zutritt zum Markt verschaffen und etablieren kann. Diese Strategie wird als „Penetrationsstrategie" bezeichnet. Die Finanzierung[55] wird zu diesem Zeitpunkt ausschließlich über Werbung erfolgen.[56]

Im Laufe der Zeit könnten Veranstalter und Veranstaltungssuchende direkt für Dienstleistungen der Plattform zahlen, wobei wahrscheinlich nur die Veranstalter in nennenswertem Ausmaß zur Finanzierung der Plattform direkt beitragen werden. Die Preise sollten sich dabei an den üblichen Marktpreisen orientieren. Etwaige spezielle und innovative Funktionen könnten hochpreisiger vermarktet werden.[57]

Die Preise für die Erlösquellen „Werbung" und „Informationen" sind zu Beginn kaum von Veranstaltungsheld beeinflussbar und daher als vom Markt gegeben hinzunehmen.

---

[54]vgl. BUCHHEIT [2009], S.72-73.
[55]Muss vom Projektteam definiert werden. Dieser kann aussagen, dass anfangs Verluste akzeptabel sind, die fixen (und variablen) Kosten gedeckt oder sofort Gewinne erzielt werden sollen.
[56]vgl. OLBRICH UND BATTENFELD [2007], S.76-77.
[57]vgl. OLBRICH UND BATTENFELD [2007], S.79.

6. Zusammenfassung und Ausblick

Im Rahmen dieser Hausarbeit wurde herausgestellt, dass es sich bei Veranstaltungsheld um einen zweiseitigen Markt handelt, welcher in Form eines internetnetbasierten Marktplatzes betrieben wird, wobei Veranstaltungsheld als Makler auftritt. Auf dem Markt treffen die Veranstalter und die Veranstaltungssuchenden aufeinander und interagieren miteinander.

Der Landkreis Vechta weist ca. 400 potentielle Veranstalter, ca. 3.600 Events jährlich und ca. 55.000 potentielle Veranstaltungssuchenende auf. Dieser Markt bietet somit ein Potential, welches von Veranstaltungsheld genutzt werden kann.

Allerdings wurde deutlich, dass die Kunden (insbesondere die Veranstaltungssuchenden) in einer sehr starken Machtposition stehen. Außerdem sind die Veranstaltungsbesucher laut diverser Statistiken kaum bereit für dieses Angebot Geld zu zahlen.

Die ausschließliche Ausrichtung auf den Landkreis Vechta als Zielmarkt erscheint unter Betrachtung der ermittelten Informationen schwierig, weil z.B. der Wettbewerb sehr stark vertreten ist. Daher erscheint eine deutschlandweite Ausdehnung sinnvoll.

Das Erlösmodell besteht aus der Kombination verschiedener Erlösquellen und Erlösformen. Dadurch werden Risiken minimiert und viele Möglichkeiten zur Generierung von Erlösen geschaffen.

Es zeigt sich, dass anfangs die Werbekunden einen Großteil der Erlöse generieren werden. Nach dem erfolgreichen Start der Plattform werden die Veranstalter, Informationskunden und ggf. die Veranstaltungssuchenden zur Monetarisierung beitragen.

Das Projektteam wird sich insbesondere mit der zu erwartenden Kostenstruktur auseinandersetzen müssen, um beurteilen zu können, ob das Projekt wirtschaftlich umsetzbar ist. Außerdem wird erst dadurch eine fundierte Preiskalkulation möglich. Zusätzlich sollten tiefergreifende Marktforschungsaktivitäten, insbesondere im Bereich der Preisstrategien des Wettbewerbs durchgeführt werden, um die Erfolgschancen besser beurteilen zu können.

Die Geschäftsidee bietet hinsichtlich des Marktes ein gutes Potential. Um es zu nutzen muss aus der Geschäftsidee ein Geschäftsmodell werden.

Literatur

[Berekoven u. a. 2009] BEREKOVEN, Ludwig ; ECKERT, Werner ; ELLENRIEDER, Peter: *Marktforschung Methodische Grundlagen und praktische Anwendung.* Wiesbaden : Gabler Verlag, 2009 (12. Auflage). – ISBN 9783834915481

[Beyer und Latussek 2003] BEYER, Horst-Tilo ; LATUSSEK, Anne: *Kosten-, kunden- und konkurrenzorientierte Preispolitik mit Praxisbeispielen aus dem Dienstleistungsbereich.* digital. http://www.economics.phil.uni-erlangen.de/lehre/ bwl-archiv/lehrbuch/hst_kap1/preispol03/preispol03.PDF. Version: 2003

[Buchheit 2009] BUCHHEIT, Stephan: *Geschaefts- und Erloesmodelle im Internet Eine Web 2.0 kompatible Erweiterung bestehender Konzepte.* Hamburg : Diplomica Verlag, 2009. – ISBN 9783836670043

[Clement und Schreiber 2013] CLEMENT, Reiner ; SCHREIBER, Dirk: *Internet-Oekonomie Grundlagen und Fallbeispiele der vernetzten Wirtschaft.* Berlin : Springer Gabler, 2013 (2. Auflage). – ISBN 9783642367182

[Diller und Herrmann 2003] DILLER, Hermann ; HERRMANN, Andreas: *Handbuch Preispolitik Strategien - Planung - Organisation - Umsetzung.* Wiesbaden : Gabler Verlag, 2003. – ISBN 978–3–322–90513–0

[Hagemeister 2009] HAGEMEISTER, Frauke: *Optimale nichtlineare Preise fr zweiseitige Maerkte.* Wiesbaden : Gabler Verlag, 2009. – ISBN 9783834915887

[IHK 2014] IHK, Oldenburgische: *Bevlkerungsstruktur und -veraenderung.* http:// www.ihk-oldenburg.de/download/ths_bevoelkerung.pdf. Version: abgerufen am 08. Dezember 2014

[Juraforum 2014] JURAFORUM: *Industrie und Handelskammer (IHK) - Zwangsmitgliedschaft.* digital. http://www.juraforum.de/lexikon/ industrie-und-handelskammer-ihk. Version: abgerufen am 12.Dezember 2014 (verfasst am 01.06.2013)

[Kickner u. a. 2014] KICKNER, Susanne ; ROGGE, Kai-Ole ; KELLER, Jana ; HALFMANN, Marion (Hrsg.): *Zielgruppen im Konsumentenmarketing - Segmentierungsansaetze Trends Umsetzung.* Kleve : Springer Gabler, 2014. – ISBN 9783658006242

[Kressin 2012] KRESSIN, Jochen: *Symphony of Disruption Geschaeftsmodelle und InInnovation in der digitalen Welt*. Hamburg : Diplomica Verlag, 2012. – ISBN 9783842890749

[Kruedewagen 2014] KRUEDEWAGEN, Guido: *Aufgaben und Funktionen*. digital. http://www.ihk-nordwestfalen.de/fileadmin/medien/01_Mittelstand/ 02_Ihre_IHK/Aufgaben_Funktionen/2014_Aufgaben_Funktionen_web.pdf. Version: abgerufen am 12.Dezember 2014

[Lackes u. a. 2014] LACKES, Richard ; SIEPERMANN, Markus ; KOLLMANN, Tobias: *Stichwort: Website*. digital. http://wirtschaftslexikon.gabler.de/Archiv/ 75916/website-v11.html. Version: abgerufen am 12. November 2014

[Luebberding u. a. 2014] LUEBBERDING, Christian ; TIMPHAUS, Lukas ; GIESEKING, Stefan ; SCHMIESING, Hendrik ; LUEBKER, Michael ; SCHULTER, Sven ; THEIS, Sascha: *Das studentische Projekt Veranstaltungsheld Theoretische Grundlagen und Rekapitulation der Entwicklung einer Website*. Vechta, 2014. – Hausarbeit

[Maendle 2014] MAENDLE, Eduard: *Stichwort: Preispolitik*. digital. http://wirtschaftslexikon.gabler.de/Archiv/6222/preispolitik-v12.html. Version: abgerufen am 14. November 2014

[Mankiw und Taylor 2008] MANKIW, N. G. ; TAYLOR, Mark P.: *Grundzuege der Volkswirtschaftslehre*. Stuttgart : SchaefferPoeschel Verlag, 2008 (4. Auflage). – ISBN 9783791027876

[Mertens 2014] MERTENS, Bernd: *Warum Ticketriese Eventim so umstritten ist*. digital. http://www.wiwo.de/unternehmen/handel/ ticket-haendler-warum-ticketriese-eventim-so-umstritten-ist-seite-all/ 9867488-all.html. Version: abgerufen am 15.Dezember 2014

[Mudter 2014] MUDTER, Paul: *OVK ONLINEREPORT 2014/02 - Zahlen und Trends im Ueberblick*. digital. http://www.bvdw.org/mybvdw/media/download/ report-ovk-report-2014-02.pdf?file=3321. Version: abgerufen am 12.Dezember 2014 (veroeffentlicht: 10. September 2014)

[NWZ 2014] NWZ: *Kurzpraesentation NWZ Mediengruppe*. digital. http://aktion.nwzonline.de/nwz/module/Sonderthemen/flipbooks/ 1374835263image-broschuere-nwz-final-a5-web_pdf_f/Default.php. Version: abgerufen am 12.Dezember 2014

[Olbrich und Battenfeld 2007] OLBRICH, Rainer ; BATTENFELD, Dirk: *Preispolitik - Ein einfuehrendes Lehr- und Uebungsbuch.* Berlin und Heidelberg : Springer Verlag, 2007. – ISBN 9783540729204

[Pichler 2014] PICHLER, Christoph: *KPIs Key Performance Indicators (Kennzahlen Online Werbung).* digital. http://www.cpc-consulting.net/ kennzahlen-online-werbung. Version: abgerufen am 15.Dezember 2014

[Staehler 2002] STAEHLER, Patrick: *Geschaeftsmodelle in der digitalen Oekonomie: Merkmale, Strategien und Auswirkungen.* Koeln : Josef Eul Verlag, 2002 (2. Auflage). – ISBN 9783899360134

[Statista 2014a] STATISTA: *Nutzer eines Tablet-PCs in Deutschland nach Zahlungsbereitschaft fuer verschiedene Inhalte im Internet im Vergleich mit der Bevoelkerung im Jahr 2014.* digital. statista.com/statistik/daten/studie/295228/ umfrage/umfrage-unter-tablet-besitzern-zur-zahlungsbereitschaft/ fuer-inhalte-im-internet/. Version: abgerufen am 15.Dezember 2014

[Statista 2014b] STATISTA: *Zu welchem Masse waeren Sie bereit, fuer Onlineinhalte von Zeitschriften zu zahlen?* digital. http: //de.statista.com/statistik/daten/studie/150724/umfrage/ zahlungsbereitschaft-fuer-onlineinhalte-von-zeitschriften/. Version: abgerufen am 15.Dezember 2014

[Voigt u. a. 2003] VOIGT, Kai-Ingo ; LANDWEHR, Stafan ; ZECH, Armin: *Elektronische Marktplaetze: E-Business im B2B-Bereich.* Nuernberg und Muenchen : Springer-Verlag, 2003. – ISBN 9783790800524

[Wirtschaftslexikon 2014] WIRTSCHAFTSLEXIKON, Gabler: *Stichwort: Display Advertising.* digital. http://wirtschaftslexikon.gabler.de/Archiv/ 576005961/display-advertising-v3.html. Version: abgerufen am 12.Dezember 2014

[Zerdick u. a. 2001] ZERDICK, Axel ; PICOT, Arnold ; SCHRAPE, Klaus ; ARTOP, Alexander ; GOLDHAMMER, Klaus ; LANGE, Ulrich ; VIERKANT, Eckart ; LPEZ-ESCOBAR, Esteban ; SILVERSTONE, Roger: *Die Internet-Oekonomie: Strategien fuer die digitale Wirtschaft.* Berlin und Heidelberg : Springer-Verlag, 2001 (3. Auflage). – ISBN 9783642631139

A. Anhang

Tabelle 2: Bevölkerungsstruktur und -veränderung

Gebiet	Fläche in qkm am 31.12.2012	Bevölkerungs- stand am 1.1.2012	Bevölkerungs- + zunahme - abnahme	Bevölkerung am 31.12.2012	Bevölkerungsdichte[1] 2012	2002	Bevölkerung nach Altersgruppen			
							0 bis unter 15 Jahre	15 bis unter 45 Jahre	45 bis unter 60 Jahre	60 Jahre und älter
Delmenhorst, Stadt	62	74.497	+225	74.722	1.196,2	1.220,1	9.947	26.111	17.412	21.252
Oldenburg, Stadt	103	162.481	+953	163.434	1.587,0	1.528,1	20.643	66.035	37.393	39.363
Wilhelmshaven, Stadt	107	81.020	-377	80.643	754,3	818,8	8.647	28.263	18.437	25.296
Ammerland	728	118.838	+527	119.365	163,9	155,4	17.180	40.935	28.184	33.066
Cloppenburg	1.418	159.002	+715	159.717	112,6	107,4	27.318	63.380	35.740	33.279
Friesland	608	99.196	-547	98.649	162,3	167,3	12.989	31.845	23.301	30.514
Oldenburg, Land	1.063	127.593	+119	127.712	120,1	116,4	18.484	44.260	31.977	32.991
Vechta	813	136.495	+726	137.221	168,9	159,4	22.498	56.613	31.454	27.656
Wesermarsch	822	89.982	-428	89.554	109,0	114,8	12.119	30.009	21.845	25.781
IHK-Bereich	5.724	1.049.104	+1.913	1.051.017	183,6	180,6	149.825	386.451	245.543	269.198
Metropolregion[2]	13.750	2.723.982	+3.458	2.727.440	198,4	197,7	374.776	987.104	635.820	729.940
Weser-Ems-Gebiet	14.971	2.480.320	+4.143	2.484.463	166,0	164,0	367.016	917.326	575.758	634.363
Niedersachsen	47.614	7.913.502	+3.411	7.916.913	166,3	167,5	1.073.955	2.828.463	1.856.727	2.157.778

Abbildung 3: Bevölkerungsstruktur des Landkreises Vechta (Quelle: IHK [2014])

Anzahl im Lk Vechta Stand 10.12.14

55.10.3	Gasthöfe	4
55.20.2	Ferienzentren	1
55.30	Campingplätze	2
56.10.1	Restaurants mit herkömmlicher Bedienung	112
56.10.2	Restaurants mit Selbstbedienung	15
56.10.4	Cafés	23
56.30.1	Schankwirtschaften	170
56.30.2	Diskotheken und Tanzlokale	1
56.30.3	Bars	6
56.30.9	Sonstige getränkegeprägte Gastronomie	6
59.14	Kinos	6
60.10	Hörfunkveranstalter	1
77.21	Vermietung von Sport- und Freizeitgeräten	2
82.30	Messe-, Ausstellungs- und Kongressveranstalter	9
90.01.2	Ballettgruppen, Orchester, Kapellen und Chöre	2
90.04.1	Theater- und Konzertveranstalter	4
93.21	Vergnügungs- und Themenparks	9
94.99.4	Jugendorganisationen	1
	Summe	**374**

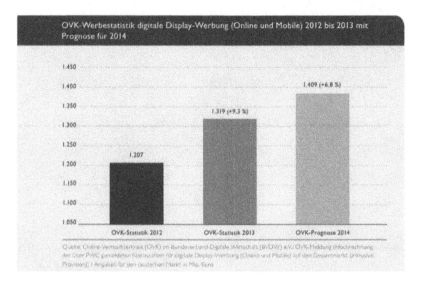

Abbildung 4: Werbestatistik digitale Display-Werbung(Quelle: MUDTER [2014])

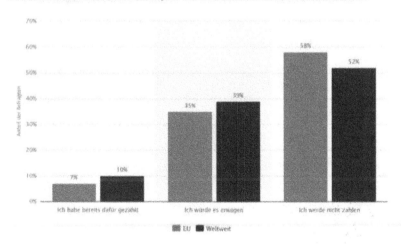

Abbildung 5: Umfrage zur Zahlungsbereitschaft für Onlineinhalte von Zeitungen
(Quelle: STATISTA [2014b])